UNE

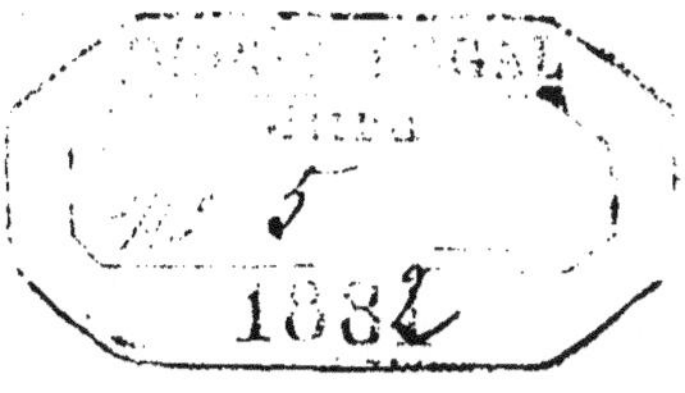

TOURNÉE PASTORALE

DANS LE VICARIAT

DU

TONG-KING OCCIDENTÀL

———

LETTRE D'UN MISSIONNAIRE A SA FAMILLE

———

LONS-LE-SAUNIER

IMPRIMERIE ET LITHOGRAPHIE DE J. MAYET ET Cie.

20, RUE SAINT-DÉSIRÉ, 20

———

1882

UNE

TOURNÉE PASTORALE

DANS LE VICARIAT

DU

TONG-KING OCCIDENTAL

———

LETTRE D'UN MISSIONNAIRE A SA FAMILLE

———

LONS-LE-SAUNIER
IMPRIMERIE ET LITHOGRAPHIE DE J. MAYET ET Cie
20, RUE SAINT-DÉSIRÉ, 20

—

1882

AU LECTEUR

Ces nouvelles pages du jeune missionnaire, auquel nous devons le JOURNAL DE PARIS AU TONG-KING, ont été écrites à la veille de l'épouvantable typhon qui vient de détruire en partie la belle et florissante chrétienté du Tong-King occidental. L'appel pressant adressé, aussitôt après le désastre, à la France chrétienne, par Mgr Puginier, vicaire-apostolique, a révélé l'étendue et l'immensité des besoins. C'est afin d'exciter, pour notre faible part, la Charité Catholique à leur venir en aide, que nous nous sommes faits autoriser à publier cette relation d'une tournée pastorale dans une mission aujourd'hui si affligée. Elle dira, mieux que nous ne saurions le faire, tous les titres de cette chrétienté à notre sympathie et combien elle mérite de ne pas être abandonnée de nous.

Au séminaire de Lons-le-Saunier, le 6 janvier 1882, en la fête de notre vocation à la Foi.

UNE

TOURNÉE PASTORALE

dans le

VICARIAT DU TONG-KING OCCIDENTAL

—

Ke So, 1er Octobre 1881.

M***

Vous savez déjà que j'ai eu l'avantage d'accompagner Monseigneur Puginier dans la tournée pastorale que Sa Grandeur vient de faire dans la province de Ninh Binh. Depuis quelques jours je me repose sous les ombrages de la Communauté, et je profite de cette heureuse oisiveté pour vous donner quelques détails sur mon voyage apostolique à la suite de Monseigneur. Cela vous fera plaisir ; c'est tout ce que je demande. Du reste Monseigneur m'a plus d'une fois recommandé d'ouvrir les yeux et les oreilles, en ajoutant :

« Vous aurez soin d'écrire à votre famille » ; sans cela mon ancien besoin de causer ne saurait triompher de ma paresse présente. Vous ne croiriez pas que, depuis trois semaines, je suis d'une nonchalance insupportable. J'allais dire que je suis *loù coù* : prononcez en poussant un profond soupir de haut en bas, et vous comprendrez tout de suite que la langue annamite est beaucoup plus riche que la langue française en fait d'harmonie imitative.

Mais je n'ai pas encore commencé mon histoire ; c'est ici qu'elle commence.

Après la fête de Monseigneur (1), j'étais redescendu à Ke Vinh où, par suite de la maladie du père Cadro, on m'établissait *bourgeois* par interim. J'étais donc seul, tout content de pouvoir profiter des dernières chaleurs pour m'amuser avec mon dictionnaire annamite. Je disposais mes batteries et préparais mes facultés pour aller prêcher le Jubilé, lorsque l'arrivée de Monseigneur au collège de Phuc Nhac me fournit une occasion de prendre encore quelques jours de vacances. Vous avez déjà pu voir, d'après mes lettres, que Ke Vinh est assez près de Phuc Nhac ; car, quand j'ai un moment à moi, je fais volontiers cette promenade.

Je descendis donc au collège. « — Et votre paquet, père Girod ? — Mais, Monseigneur, je n'ai point de paquet ; j'ai l'habitude de venir ici avec ce que j'ai sur le dos. En cas de besoin, le père B. me prête une soutane ;

---

(1) La saint Paul, 29 Juin.

le père R. un pantalon, et le père D. une pipe : je n'ai que ma bonne volonté et ma reconnaissance pour les charitables confrères. — C'est déjà quelque chose : mais asseyez-vous et dépêchez-vous de manger... sans rien dire. » (J'arrivais au milieu du souper.)

Quand j'eus avalé mon écuelle de riz, Monseigneur me dit tout simplement : « Demain vous retournerez chercher votre paquet et une double ration de bonne volonté ; je vous emmène confesser les gens de Kim-Son.-Présent », m'empressai-je de répondre et de bon cœur. J'aime toujours voir du pays.

Ecoutez bien, c'est ici que le récit va devenir intéressant.

Au jour fixé, le 4 ou 5 du mois d'Août, la paroisse de Hiêu Thuân, voisine de Phuc Nhac, vint *ruôc* Monseigneur. Il faut absolument vous expliquer ce mot annamite *ruôc* ; sans cela vous ne comprendriez pas mes histoires de *ruôcages*, et alors impossible d'aller en tournée avec Monseigneur, ce qui serait malheureux. *Ruôc*, donc, est un mot qui signifie : *aller chercher* ; ainsi on va *ruôc* le curé pour les malades. Il signifie aussi : porter en procession solennelle ; ainsi on *ruôc* les fleurs pendant le mois de Mai ; c'est-à-dire qu'on promène au son du tam-tam, à l'ombre des parasols, et au chant des Litanies, les fleurs que l'on doit offrir à l'autel de la sainte Vierge. Vous devinez maintenant, je parie, ce que c'est qu'un *ruocage*, mot franco-annamite dont les missionnaires se servent pour désigner l'action de *ruoquer*. Cette explication préalable étant donnée, revenons à nos moutons, c'est-à-dire aux braves gens de Hiêu Thuân qui, avec un enthousiasme d'annamites, venaient *ruôc* Sa Grandeur Mgr Puginier et les deux pères, le père Berthet, secrétaire de Monseigneur, et votre serviteur, je ou moi.

Dans un *ruôcage*, les gens qui *ruoquent* forment deux catégories bien distinctes : 1re, les matadors ou notables, conseillers municipaux, fabriciens si vous voulez ; c'est la suite d'honneur : 2e, les porteurs, gens du pauvre peuple, corvéables de très bonne volonté, qui s'exécutent avec bien meilleure grâce que les contribuables de la République Française. Il y a aussi tout un bataillon de porte-drapeaux, une compagnie de joueurs de flûtes, violons et guitares, et par-dessus tout un gros régiment de tam-tams, cymbales et grosses caisses de toutes sortes. C'est magique ! Un coup de clairon français produirait un sauve qui peut général : mais il ne s'agit pas de cela, heureusement.

Vous dire dans quel ordre on s'avance est chose difficile ; vouloir régler la marche serait le vrai moyen de faire rater l'affaire. Désordre splendide comme celui de ma lettre ! On peut cependant dire qu'en général, vu l'étroitesse des sentiers et aussi la solennité de la chose, on marche en file, un homme de front, comme les cannes qui s'en vont aux champs : la première en avant, la seconde suit la première, et ainsi de suite jusqu'à la gauche. Tambours et processions, de quoi donner la colique à tout le ministère de la guerre !

Mais je m'aperçois que nous n'allons pas vite : patience s'il vous plaît : plus on va lentement, plus on va solenellement, d'après les principes annamites. Je ne goûtais pas trop ce système. Monseigneur était monté dans son filet : on avait trouvé pour les deux pères un filet et un joli petit cheval. Par droit d'ancienneté, le père Berthet choisit le filet, et moi, bon gré mal gré, je payai d'audace et enfourchai Bucéphale.

Le noble animal s'aperçut bien vite qu'il ne portait pas une grandeur et il me fit courir.... des transes peu cavalières, en tête de la colonne, au grandissime galop, à travers deux haies de bambous dont les branches me caressaient la figure : je n'en menais pas large, je vous prie de le croire. Pour comble d'infortune, arrivé à la porte du village de Hiêu Thûan où je devrais descendre, mon cheval, qui était du village voisin, ne fit pas la moindre attention à mes signaux de détresse et continua bravement sa course vers son écurie. Enfin il s'arrêta tout court à la tête d'un pont peu facile à franchir. Voyez donc si je descendis lestement ; je fis tourner bride à la bête et, pour prouver que j'étais un brave et que j'avais vu les courses de Longchamps, je remontai en selle : pas moyen ; effet de recul... Je capitulai, et pieds nus, cachant ma honte sous mon grand chapeau cônique, je rebroussai chemin sur Hiêu Thuân, où j'arrivai encore avant le *ruôcage*.

Mais voici que Monseigneur entre dans l'église : un dernier roulement de tambours impose silence à la foule qui se presse dans les cours attenantes. Après avoir rendu grâces à Dieu, Sa Grandeur bénit tout le monde, et au milieu des cris de joie, nous entrons dans la maison de Dieu, autrement dit la cure.

Pendant qu'on boit le thé, la maison se présente pour saluer Monseigneur. Chaque cure compte en moyenne de vingt à vingt-cinq personnes : catéchistes blanchis au service de la mission, dont plusieurs ont été confesseurs de la foi ; à côté d'eux, des jeunes gens dans la force de l'âge ayant fait leurs études de latin et aidant le curé dans l'administration des chrétientés ; puis une quinzaine d'enfants de huit à seize ans, élèves de chinois n'ayant pas encore assez bûché sur le rudiment de Lhomond pour entrer au collège. Tous, coiffés du turban national, revêtus de l'habit long ou soutane annamite comme la portent les missionnaires, sont là debout sur deux ou trois rangs, les mains croisées sur la poitrine. Le doyen porte la parole et souhaite la bienvenue à Monseigneur : puis tous, comme un seul homme, lèvent jusqu'au front leurs mains toujours jointes, les ramènent sur la poitrine et se prosternent en silence ; on recommence ce grand salut deux, trois ou quatre fois, selon la dignité du personnage à qui il s'adresse. Bien que peu conforme aux idées des fils de Japhet, ce salut à l'orientale n'en est pas moins très imposant. Quand Monseigneur a donné à baiser l'anneau, on brûle dans la cour quelques milliers de pétards chinois dont les détonations crépitent comme un feu de peloton bien nourri. Ce sont les plus jeunes enfants de la cure qui font l'office d'artilleurs : et jamais un petit laïque de France, malgré son fusil scolaire, n'oserait jouer avec les pétards comme le fait un gamin annamite.

Maintenant le thé est bu, les pétards sont partis, on sort au parloir recevoir les visites. Dans la paroisse, tout est sur pieds, pour venir voir Monseigneur : petits et grands, tout le monde accourt, tout le monde s'en retournera content. Le peuple annamite est très fort pour les visites ; un mot vous en convaincra. Pendant un mois et demi qu'a duré la tournée de Monseigneur, nous avons reçu au parloir plus de 2,500 personnes. Mais il faut vous expliquer la manière dont cela se pratique ; car le vrai ne vous paraîtrait pas toujours vraisemblable.

Voici donc tout d'abord le conseil de fabrique de la paroisse, composé de quarante ou cinquante matadors choisis dans toutes les chrétientés (1). Pour la circonstance ils ont revêtu leurs habits de cérémonie, grands surplis de soie à fleurs magnifiques, l'un rouge, l'autre blanc, noir, vert ou violet. Le chef de la paroisse fait un discours à peu près en ces termes; « Dix mille, dix mille saluts à l'Evêque. Le grand père, suivant l'impulsion de son cœur, est venu visiter ses enfants : le Pasteur aime ses brebis. Tous nous sommes dans la jubilation, nous venons offrir nos humbles présents et nous demandons la permission de saluer l'Evêque. » Puis, ils se prosternent à la façon que je vous ai déjà décrite. Monseigneur les invite à s'asseoir et, après quelques questions sur l'état des chrétientés, Sa Grandeur donne à baiser l'anneau, ce que chacun considère comme un véritable bonheur.

---

(1) Chaque paroisse, comme le dit ailleurs le missionnaire, comprend un certain nombre de chrétientés.

En présent, la députation de la paroisse amenait ordinairement un petit bœuf : on le tuait pendant la nuit, et le lendemain les matadors étaient de la fête. Ici, en Annam, les banquets, de village à village, de canton à canton, sont à l'ordre du jour. Seulement il faut être annamite pour avoir appétit. Comme il est déjà tard, vu que le *ruocage* a duré longtemps, à demain les nombreuses réceptions, c'est-à-dire les longues séances à la maison des étrangers. Ce sera fatigant ; mais les Annamites sont si braves gens !

Avant que le gros tam-tam suspendu à la porte de l'Eglise ait annoncé le retour du soleil, deux ou trois mille chrétiens sont déjà réunis pour faire la prière en commun et assister à la Messe de Monseigneur. Puis la messe à peine finie, tout le monde assiège le parloir. Dans ces jours-là, beaucoup de gens mangent debout et sur le pouce : on n'a pas le temps de retourner chez soi ; car il faut aller voir l'Evêque et aller se confesser. Vers 9 heures du matin, nous entrons enfin au parloir, sans savoir quand nous pourrons en sortir ; il s'agit de payer de sa personne : heureusement la pipe nous sera d'un puissant secours.

Chaque chrétienté, (et il y en a 12, 15 quelquefois 20 par paroisse) chaque chrétienté se présente en particulier, apportant en présents du riz, du bétel, de l'arèque, des œufs, des poulets, des canards, le plus souvent des fruits de la saison. Quand ces braves gens veulent faire durer le plaisir, et c'est ordinairement ce qui arrive, ils viennent d'abord en deux grandes bandes, les hommes d'un côté, les femmes de l'autre : puis ils se dédoublent ; les vieillards viennent seuls en corps, les vieilles femmes viennent seules, les jeunes gens, les jeunes filles, puis les enfants avec le matador ou la bonne femme qui leur enseigne le catéchisme. Monseigneur adresse à tous un mot de consolation, d'encouragement ; distribue des médailles, des croix, des scapulaires. Il faudrait voir les enfants et beaucoup de grandes personnes, muets d'admiration, braquer leurs yeux noirs sur la soutane violette et la grande barbe de l'Evêque ! Ils se trouvent si bien là qu'il faut presque les chasser pour faire place à ceux qui arrivent. Puis, il y a les visites particulières, un papa, une maman avec cinq ou six enfants qui tiennent à une bénédiction spéciale : les riches, les pauvres, tout le monde est admis auprès du vénérable représentant du Dieu Sauveur qui ne repoussa jamais personne.

Ces visites ont vraiment un très-grand intérêt pour le jeune missionnaire, qui ne connaît à peu près rien encore. Tantôt c'est la veuve d'un martyr, avec ses enfants, ses petits enfants, glorieuse famille ennoblie dans le sang de son chef ; tantôt ce sont de nouveaux chrétiens qui ont subi le rotin et les vexations des mandarins de bas étage, préférant la persécution continuelle à l'apostasie ; tantôt c'est une jeune fille qui a abandonné ses parents riches et païens, pour se faire Amante de la Croix (1) ; tantôt c'est une vieille matronne, femme d'un ancien

----

(1) Les Amantes de la Croix sont une Congrégation religieuse indigène, fondée par les premiers Vicaires-Apostoliques.

grand mandarin de Thanh Hoa, qui, pendant la persécution, faisait l'aumône d'un peu de thé au Père Mathevon, malade dans sa cage, et que le bon Dieu vient de récompenser magnifiquement en lui faisant la grâce de devenir chrétienne,

Il y a, il est vrai, le revers de la médaille. Ainsi par exemple les matadors païens viennent aussi présenter leurs hommages à Monseigneur, gens fourbes et guindés comme des esprits forts, qui autrefois ont mangé l'argent et bu le sang des chrétiens, mais qui auront encore le front de demander une paire de lunettes ou des pilules contre la colique. Plus souvent ce sont des pauvres opprimés qui viennent implorer le secours de leur Père et Pasteur ; ou bien, des ménages en bisbille qu'il faut rapatrier, des soldats qu'il faut préserver des superstitions etc., etc. Enfin, en mission plus qu'en Europe, on voit dans tout son jour la vérité de ce mot de Saint François-de-Sales, je crois « Un évêque est une auge où tout le monde vient boire : il y vient des brebis, des lions, des chevaux, des mulets et même des ânes. » L'aimable saint François de Sales savait très-bien ce qu'il en est : à lui donc toute la responsabilité de son bon mot.

Mais quittons un peu le parloir, où nous avons fait deux ou trois séances de 2 à 3 heures chacune. Sortons prendre l'air : une fameuse corvée attend encore Monseigneur ; vous allez voir. A peine Sa Grandeur a-t-elle franchi le seuil de la cure, que tous les gamins, réunis de 4 lieues à la ronde, lui font une ovation à leur manière, battant des mains, sautant, cabriolant et poussant des cris de joie plus ou moins symphoniques. La première explosion passée, Monseigneur veut faire taire les petits braillards, en les menaçant paternellement de sa canne : mais ils sont rusés, les gamins ; ils prennent ce mouvement pour celui d'un chef d'orchestre qui donne le signal d'une reprise *fortissimo*. Alors un catéchiste, qui sera plus redouté que Monseigneur, saisit une verge et administre quelques avertissements aussitôt compris. Silence parfait : tout le petit *popolo barbaro* met genoux terre, pour recevoir la bénédiction de Monseigneur, puis se relève lestement et pousse encore un grand cri de reconnaissance. Après une pareille journée on entrait au confessionnal, où l'on faisait une assez longue séance. Ce n'est certes pas moi qui aurais inventé la confession, surtout en langue Annamite. Mais on fait du bien aux âmes rachetées par le sang de Jésus-Christ, et c'est le métier du missionnaire. Les tribunaux étaient assiégés, particulièrement celui de Monseigneur qui, naturellement, devait accrocher les gros poissons. Vers dix heures et demie du soir, un coup de tam-tam nous rendait la liberté.

Ce système a duré un grand mois et demi : un peu plus, je tombais dans l'eau, c'est-à-dire je gagnais la fièvre. Pour Monseigneur, qui portait tout le poids de l'ouvrage, administrait chaque jour la Confirmation à des masses d'enfants, faisait tous les frais de la conversation au parloir et avait de plus la sollicitude de toutes les affaires, par un effet spécial de la miséricorde du bon Dieu, il n'a pas éprouvé la moindre indisposition. Il est vrai qu'un Evêque a grâce d'état.

Les dimanches, après la messe à laquelle toute la paroisse assistait, il y avait procession solennelle présidée par Monseigneur. Un mot pour vous donner une idée de cette cérémonie. On promène en triomphe la statue de la sainte Vierge placée sur un magnifique brancard de bois doré artistement sculpté : une douzaine de jeunes gens, en habits rouges, portent sur leurs épaules le trône de la Mère de Dieu. Comme toujours, chant des prières, oriflammes, tam-tam etc... Les Annamites ne mettent rien au-dessus d'une telle procession. Braves Tongkinois ! étaient-ils fiers et heureux de voir Monseigneur en mitre, crosse et chappe à franges d'or. Et dire qu'en France, dans cette France fille aînée de l'Eglise, quelques individus suffisent aujourd'hui pour mettre obstacle aux manifestations religieuses.

En France également, il paraît que les catholiques n'auront plus le droit de se faire ensevelir en terre sainte. Ici, en plein Tong-King, à la consolation des chrétiens et à l'admiration respectueuse des païens, Monseigneur Puginier, pendant sa tournée pastorale, vient de faire la bénédiction de neuf cimetières. Quel bonheur pour les chrétiens Annamites d'avoir une terre sainte, un jardin bénit, comme ils disent ! C'était une vraie fête nationale pour laquelle on avait tout mis sur le pont. A Phât Dièm, surtout, la bénédiction de deux cimetières fut des plus solennelles ; pour éviter la grande chaleur, on attendit le soir et Monseigneur fit la bénédiction aux flambeaux. Sur le bord du fleuve, des bambous secs servirent un feu de joie de très-bel effet.

Vous voyez donc, chère mère, que les Tong-Kinois

sont les meilleurs gens du monde : ne disons pas de mal des Indiens, des Chinois, des Japonais qui doivent certainement avoir de belles qualités : seulement il s'agit de Tong-Kinois, restons au Tong-King. On y est si bien !

Maintenant que vous avez quelque idée générale sur la tournée pastorale d'un Evêque missionnaire au Tong-King, parlons un peu du pays qu'a visité Monseigneur. J'aurais peut-être dû commencer par là ; mais je mets toujours la charrue avant les bœufs, comme on dit chez nous. Cà marche quand même.

Les dix paroisses que vient de parcourir Monseigneur, font partie de la province de Ninh Binh, et sont comprises du nord au sud entre la ville de Ninh-Binh et la mer ; de l'est à l'ouest entre le fleuve qui sépare les provinces de Nam-Dinh et Ninh-Binh, et les montagnes de Thanh-Hôa. Ces dix paroisses ont une population chrétienne de 40,000 âmes à peu près. Le seul district de Kim-Son (1), divisé en 5 paroisses peu étendues, puisqu'en deux heures on peut traverser tout le district, renferme à lui seul 25,000 chrétiens.

Le Kim Son est un terrain d'alluvion nouvellement conquis sur la mer. La partie haute du pays est très-fertile en riz : mais sur les bords de la mer il y a encore de grandes plaines boueuses dans lesquelles, à la marée

____

(1) Le Vicariat apostolique se divise en districts, à la tête desquels est placé un missionnaire, qui en a l'administration ; chaque district comprend un certain nombre de paroisses : les curés immédiatement préposés aux paroisses sont des prêtres indigènes.

basse, les pauvres vont ramasser les cancres, crevettes et autres produits maritimes qui servent à leur nourriture. Une petite remarque sur le nom du pays. Kim Son, en chinois, signifie montagne d'or, et Sa Majesté Annamite a ainsi baptisé le pays probablement, parce qu'il est plat comme la Bresse et qu'autrefois la plupart de ses habitants étaient pauvres comme Job. Considéré sous le rapport religieux, le Kim Son est peut-être le district le mieux organisé : les chrétiens, étant aussi nombreux que les païens, évitent plus facilement les vexations locales ; de plus, comme le territoire de chaque paroisse n'est pas très-vaste, les curés peuvent mieux soigner leurs paroissiens : les enfants savent très-bien leur catéchisme, et la plus grande partie des fidèles peut assister à la messe le dimanche et même les jours de la semaine. Ce bien est dû en grande partie au zèle apostolique du Père Thoral qui, avant d'aller au Laos, fut pendant six ans chargé du district de Kim Son. Aussi est-il impossible de faire un pas en Kim Son, sans entendre parler du Père Thoral. Un des enfants qui allaient recevoir la Confirmation, interrogé sur son nom de baptême, répondit imperturbablement : « mon nom de baptême est Père Thoral », ce qui fit rire bien entendu : le pauvre petit voulait tout simplement dire qu'il avait été baptisé par le Père.

Des cinq paroisses de Kim Son, la plus considérable est celle de Phât Diêm qui ne compte pas moins de 10,000 chrétiens. Au Tong-King tout le monde connaît le curé de Phât-Diêm, le Père Six, ancien diacre de Monseigneur Jeantet. Pendant la persécution, dans une alerte où le vénérable Evêque faillit tomber entre les mains des satellites, le diacre s'exposa pour donner à Monseigneur le temps de s'échapper. Il fut condamné à l'exil perpétuel et envoyé aux extrémités du royaume, sur les confins de la Chine. Il y avait là un assez grand nombre de chrétiens exilés pour la foi, sans prêtres, privés par conséquent des consolations de la religion à l'heure de la mort. A prix d'argent, le diacre put en secret venir recevoir la prêtrise, et il repartit pour l'exil portant Jésus-Christ aux Confesseurs de la foi. En langue Annamite, diacre se traduit par « vieux maître Six », c'est-à-dire ayant reçu six ordres. Le nouveau prêtre conserva son nom du diaconat et aujourd'hui il s'appelle encore le Curé Six. Quand la paix fut rendue à la Religion, les exilés rentrèrent dans leur patrie. Le Père Six les accompagnait. On l'envoya alors à la capitale pour arranger plusieurs affaires importantes, et depuis, il jouit d'une réputation universelle et d'une très-grande autorité. Il a même reçu des titres du roi. Malgré cela, ce digne prêtre conserve une profonde humilité et n'emploie son crédit qu'à faire le plus de bien possible dans sa paroisse. A Phàt Diêm les choses se font plus en grand que partout ailleurs : l'Eglise et ses dépendances peuvent contenir toute la paroisse : les fêtes religieuses y sont d'une solennité extraordinaire. Jugez un peu. Un soir que Monseigneur était sorti prendre l'air, sa Grandeur dut donner à baiser l'anneau à 2,500 personnes agenouillées au milieu du chemin. Ce bon Pasteur et Père ayant été obligé de se reposer un instant, tout ces braves chrétiens, enfants ou grandes personnes, entonnèrent à pleine voix une magnifique prière Annamite pour les âmes du Purgatoire. Cela me parut plus beau qu'un concert d'orgue au Trocadéro. — Mais hélas, voici que je vais vous faire tomber de Charybde en Scylla, d'un *ruocage* sur terre dans un *ruocage* sur l'eau (1). Tranquillisez-vous, nous ne ferons pas encore naufrage cette fois-ci. De plus, bon courage, encore deux bonnes pages, et puis c'est fini.

Voici donc en trois lignes le *ruocage* organisé par le Père Six. Douze grandes barques, aux pavillons multicolores, montées par 300 paroissiens, musique en tête; le vaisseau amiral, qui avait à son bord Monseigneur, les deux Pères et quatre curés annamites : il était, comme vous le pensez bien, pavoisé des plus riches couleurs. Sur le pont on avait dressé des tentures qui nous garantissaient des ardeurs du soleil. De belles nattes fraîchement tressées faisaient l'office de fauteuils. La barque s'avançait avec une majestueuse lenteur, et sur les rives du canal, la foule suivait en poussant des cris de joie. Il arrivait du monde de tous les côtés et, avant de se joindre au cortège, chacun s'agenouillait sur la rive pour recevoir la bénédiction de Monseigneur. Les barques que l'on rencontrait sur le canal envoyaient leurs salves de pétards, et quand on traversait un village, une députation de matadors, païens ou chrétiens, faisait le grand salut à l'Evêque.

---

(1) En Kim Son, pays sillonné de canaux, il est très-facile de voyager en barque.

Un jour, (laissez-moi encore dire cela pour en finir avec les *ruocages*) un jour donc, c'était en allant de Tôn Dao à Huong Dao, il avait plu à verse et le terrain de Kim Son était détrempé d'une façon peu commune. Un gardeur d'oies, en Normandie, n'aurait pas osé sortir, crainte d'accrocher quelque mauvais rhume. Peu importe, une bande de quatre à cinq cents gamins, n'ayant pour vêtement que le langouti rudimentaire, pataugeant dans la boue, glissant à chaque pas, roulant même de temps en temps dans le canal où ils étaient aussitôt débarbouillés, dansant et chantant, nous offrirent un spectacle dont on ne se fait pas l'idée en province : Vraie danse de farfadets en chair et en os. Mais ils étaient contents, et n'auraient pas reculé pour un coup de canon.

Si j'avais le temps de vous conduire dans les montagnes de la paroisse de Bach bat, nous ferions une promenade très-pittoresque, en compagnie de quelques braves sauvages armés de fusils ; car nous risquerions de faire la rencontre d'un Monsieur peu commode. Une petite histoire vous donnera de loin une idée du pays. Les forêts vierges, les belles montagnes, les vallées aux frais ombrages, c'est magnifique !... écoutez ce que nous en dit le vieux curé de la paroisse. On s'apercevait depuis quelque temps que plusieurs personnes (une vingtaine au moins,) allant faire des fagots à la montagne, ne revenaient pas au logis. Pendant la nuit, un chien aboyait, un cochon grognait, puis, au jour, chien et cochon n'étaient plus là. Les gens savaient bien à qui attribuer ces disparitions, mais personne n'osait prononcer le nom

de leur auteur. Si on le rencontre, on lui donnera un coup
de lance à travers le corps : mais le dénoncer à la vin-
dicte publique, qui l'oserait ? Certainement c'était lui,
et il était rude ; car on avait vu l'empreinte de ses pas
dans la cour même de la cure. Tout tranquillement le
bon vieux curé planta des pieux très-aigus à l'endroit où
le visiteur nocturne devait franchir la haie, et quelque
temps après, un beau matin, on découvrit dans une
touffe d'herbes du jardin un grand tigre royal, la queue
dressée, les yeux terribles, paraissant prêt à bondir sur
sa proie. On poussa des cris pour l'effrayer, il ne bougea
pas : de l'intérieur de la maison on lui lança des pierres,
il ne bougea pas. Alors le vieux curé comprit la chose ;
il sortit avec quelques jeunes gens de la maison de Dieu
et, armés de bâtons ferrés, ils assommèrent prosaïquement
le voleur maladroit qui, pour s'être fourré plusieurs épi-
nes dans les pattes, ne pouvait plus rien pour la fuite ni
pour l'attaque. Sept pieds de long, sans compter la queue.
Bel animal n'est-ce pas ? — N'ayez pas peur pour moi,
dans la plaine on n'est pas le moins du monde exposé
à rencontrer le tigre : cependant, l'année dernière, on
en a trouvé un perdu dans les rizières, et si épuisé qu'un
seul homme put en venir à bout. Dans le pays on
regarda ce fait comme un présage de mauvais augure.

Je suis loin de mon sujet, mais bien près de la fin de
ma lettre. Faisons encore un effort, et grimpons sur le
pic qui domine la jolie petite église d'Hâo Nho, chef-
lieu de paroisse situé au pied des montagnes de Thanh
Hoa. C'est un peu haut, et il faut marcher sur des pierres à oreilles de chat, comme disent les Annamites : mais

nous aurons une vue magnifique et nous chanterons « *O Crux, Ave* » devant la croix colossale arborée au sommet. Hardi, des pieds et des mains, nous y sommes.

Il est six heures du soir : à notre gauche, le soleil vient de disparaître derrière les hautes cimes des montagnes de Thanh Hoa : à droite, à quelques kilomètres à peine, la pointe de Dien hô qui s'avance dans la mer : devant vous, s'étendant vers le nord, les immenses plaines du Tong-King couvertes de rivières verdoyantes. Derrière-nous... mais retournons-nous s'il vous plaît, car nous n'avons pas les quatre yeux du vieux bonhomme Janus, derrière-nous, la vaste mer, à cette heure, calme et silencieuse. Au loin, entre Cua bang et le rocher de Hon-ne, un bateau à vapeur venant de Saïgon : il apporte probablement des nouvelles de France ; salut ! — C'est dans ces parages, au milieu des écueils, qu'ont abordé autrefois beaucoup de missionnaires, obligés d'attendre la nuit pour mettre pieds sur la terre des martyrs : et maintenant, à la face du monde, la croix est là plantée triomphante, bravant l'enfer et la persécution. Qui sait, car les desseins de Dieu sont impénétrables, peut-être l'étendard du Christ sera-t-il un jour renversé : on l'arrache bien de la coupole de Ste-Geneviève ! Les chrétiens annamites devront-ils de nouveau descendre dans l'arène ? A la garde de Dieu : s'il faut encore des souffrances, des larmes et du sang pour compléter le tribut sacré que le monde doit apporter à la Passion du Fils de Dieu, eh bien ! le Tong-King portera encore la Croix, et la croix sauvera le Tong-King et le monde.

Mais la nuit approche : redescendons la montagne, en

ayant bien soin de ne pas nous casser le cou, ce qui n'avancerait en rien les affaires de la république. Monseigneur couronnait sa visite pastorale en conférant, le 24 septembre, à Ke So, les saints Ordres aux élèves du séminaire de théologie.

Adieu, quand le chemin de fer de Paris-Moscou à Péking-Hànôi, sera terminé, je demanderai huit jours de vacances pour aller vous embrasser en personne : Billet d'aller et retour, bien entendu. En attendant, je prie Dieu de vous conserver longtemps, et de vous donner force, joie et consolation en Jésus-Christ. Je vous embrasse dans les Saints-Cœurs de Jésus, Marie, Joseph, sans oublier personne de la famille.

L. GIROD,

miss. ap.

Lons-le-Saunier. — Imp. J. Mayet et Cie, rue St-Désiré, 20.